GUIDE PRATIQUE

POUR LA LECTURE ET L'EMPLOI DE LA

CARTE DE L'ÉTAT-MAJOR

GUIDE PRATIQUE

POUR LA LECTURE ET L'EMPLOI DE LA

CARTE DE L'ÉTAT-MAJOR

PAR

Le Commandant Emile ESPÉRANDIEU

DÉTACHÉ A L'ÉTAT-MAJOR DE L'ARMÉE

EX - PROFESSEUR DE TOPOGRAPHIE A L'ÉCOLE MILITAIRE D'INFANTERIE

(Avec 5 planches hors texte et 60 figures dans le texte.)

5ᵉ ÉDITION, revue et corrigée.

PARIS

Henri CHARLES-LAVAUZELLE

Éditeur militaire

10, Rue Danton, Boulevard Saint-Germain. 118

(MÊME MAISON A LIMOGES)

INTRODUCTION

La lecture de la carte de l'état-major tend à prendre
chaque jour une importance de plus en plus grande. Le
temps n'est peut-être pas très éloigné où elle sera ensei-
gnée, non seulement dans les lycées, en vue des examens d'admission aux différentes écoles, mais aussi
dans les écoles primaires, pour les usages courants
de la vie.

Nous perdrions notre temps à énumérer les nombreux cas où la carte est utile. Il nous suffira de dire
que toute personne ayant reçu quelque instruction se
trouvera placée, à un moment donné, dans telle situation qui lui demandera d'y recourir. Nous ne parlons
pas des excursionnistes, qui ne peuvent pas s'en passer.

La carte de l'état-major est, pour tout le monde, un
guide excellent comme moyen de se diriger d'un point
à un autre ; mais elle l'est surtout pour les militaires de
tout grade, depuis l'officier jusqu'au soldat.

Elle donne à qui la consulte les renseignements néces-
saires pour se rendre compte des obstacles du terrain,
de la valeur d'une position et des moyens de l'attaquer
ou de la défendre.

Elle permet, — d'une façon approximative qu'il suffira de modifier plus ou moins quand on aura le terrain

lui-même sous les yeux, — de préparer l'exécution des petites opérations du service en campagne. telles que : placement d'une grand'garde, d'un petit poste, d'un réseau de sentinelles ou de vedettes, conduite d'un convoi, choix d'un bivouac, établissement d'un cantonnement, pratique d'une réquisition, conduite d'une patrouille, etc.

On ne saurait donc apporter trop de soin à la diffusion de cette partie de l'enseignement qu'est la lecture de la carte. Notre but, en publiant cet opuscule, est d'y contribuer de notre mieux.

CARTE DE L'ÉTAT-MAJOR

I° *Généralités.*

La carte de France dite de l'*Etat-Major* a remplacé la carte
de Cassini (1). Elle a été conçue par Napoléon Ier, qui fit étu-
dier les moyens de la construire ; mais son exécution n'a été

---

(1) La carte de Cassini, dite aussi de l'Académie, est à l'échelle
de 1 ligne sur 100 toises, ce qui correspond à l'échelle métrique de

$\frac{1}{86.400}$. Elle porte la date de 1740 et se compose de 184 feuilles gravées sur cuivre. C'est la première carte topographique d'Europe

prescrite que par ordonnance royale du 6 août 1817 et la carte elle-même n'a été commencée que le 1ᵉʳ avril 1818.

S'appuyant sur le méridien de Paris à Barcelone, qui avait été mesuré par Delambre et Méchain de 1792 à 1799, les officiers du corps des ingénieurs hydrographes furent tout d'abord chargés de construire, par des procédés rigoureusement exacts, plusieurs grandes chaines de triangles partageant la France dans les deux sens.

Ces chaines de triangles furent levées suivant les méridiens de Melun, de Bayeux, de Sedan et de Strasbourg, puis suivant les parallèles d'Amiens, de Paris, de Bourges, de Clermont-Ferrand, de Rodez et des Pyrénées. On mesura sept bases de vérification à Melun, Perpignan, Ensisheim, Brest, Bordeaux, Gourbeira et Aix, et les mesures directes furent très exactement celles qui avaient été obtenues par le calcul. C'est ainsi que la plus forte différence constatée correspondait à la base de Bordeaux, et n'excédait pas $0^m,57$ pour une longueur de $14.119^m,65$, ce qui se traduisait, à l'échelle du 40.000ᵉ, par une erreur de $\frac{1}{10}$ de millimètre, tout à fait négligeable par conséquent.

---

dont les levés de détail ont été appuyés sur la mesure régulière d'un arc de méridien et sur des opérations géodésiques aussi rigoureuses que possible. Le figuré du terrain est exprimé sur cette carte par de longues hachures dirigées du sommet des crêtes jusqu'au fond des vallées, suivant les lignes de plus grande pente.

Commencée en 1733, la carte de Cassini ne fut terminée qu'en 1815. Une réduction au 10ᵉ en a été faite, il y a une cinquantaine d'années, en 4 feuilles, par le service du dépôt des fortifications. C'est la carte au 864.000ᵉ, dite du service du génie.

Parmi les cartes anciennes qu'il peut être utile de connaître, on peut citer :

1° La *Carte des chasses du Roi* (12 feuilles) levée et gravée sur cuivre de 1764 à 1773. Elle fut entreprise par le colonel Berthier dans le but de former des ingénieurs hydrographes, et elle comprend les environs de Versailles dans un rayon de 6 à 7 lieues;

2° La carte de Corse au 100.000ᵉ (8 feuilles) dressée de 1770 à 1791 d'après les opérations géodésiques du colonel Tranchot sous la direction des ingénieurs hydrographes Testevuide et Bedigis. Elle ne fut gravée qu'en 1825.

Les chaînes de triangles, de 40 à 60 kilomètres de côté, qui se développaient suivant 6 parallèles et 4 méridiens, formèrent ainsi un réseau *à gril* dont les mailles furent remplies par une triangulation dite *de remplissage*. Chaque triangle fut à son tour décomposé en d'autres plus petits, par la détermination de points dits de 2ᵉ ordre, et en stationnant en ces points, les ingénieurs fixèrent, en même temps, la position d'une foule de points secondaires ou de 3ᵉ ordre, destinés à leur servir de point de départ pour l'exécution des travaux topographiques partiels.

Les opérations géodésiques et topographiques commencèrent simultanément. La triangulation des deux premiers ordres a pris fin en 1854 ; celle de 3ᵉ ordre en 1863. Les levés topographiques n'ont été terminés qu'en 1864 pour le continent, en 1866 pour la Corse.

Pour faciliter les opérations de planimétrie, celles-ci furent surtout faites à l'aide du cadastre, dont le tableau d'assemblage, généralement au 10.000ᵉ, était préalablement réduit à l'échelle du 40.000ᵉ admise par le Dépôt de la guerre après une série de tâtonnements.

La première feuille de la carte de l'état-major ne fut tirée qu'en 1833 ; la dernière et 273ᵉ l'a été en 1882.

L'ensemble de la carte a coûté plus de 20 millions de francs, et ce qui frappe tout d'abord, quand on considère l'œuvre entière dont la surface représente plus de 1.800.000 journées de travail fournies par près de 800 officiers ou artistes, c'est l'homogénéité parfaite de toutes ses parties. Bien que gravées par 65 artistes différents, toutes les feuilles paraissent de la même main. Elles ont une superficie totale de plus de 160 mètres carrés (13ᵐ,20 de large sur 12ᵐ,30 de haut).

Les diverses feuilles, sauf celles de la Corse qui n'étaient pas encore complètement gravées, ont été assemblées pour la première fois lors du Congrès de géographie qui se tint à Paris en 1875. En 1878 une carte de France complète fut aussi exposée au Champ de Mars. On n'a plus fait, depuis cette époque, que des assemblages partiels.

2° Renseignements gravés à l'extérieur du cadre.

Mesurée à l'intérieur du cadre qui la limite, chaque feuille de la carte de l'état-major a 0^m,50 de haut sur 0^m,80 de large. La bande de terrain correspondante a, par suite, 40 kilomètres de large sur 64 kilomètres de long et répond à une superficie de 256.000 hectares.

Chaque feuille porte un nom et un numéro (1).

Le nom est écrit au milieu de la marge supérieure en capitales droites de 0^m,009. C'est celui de la localité la plus

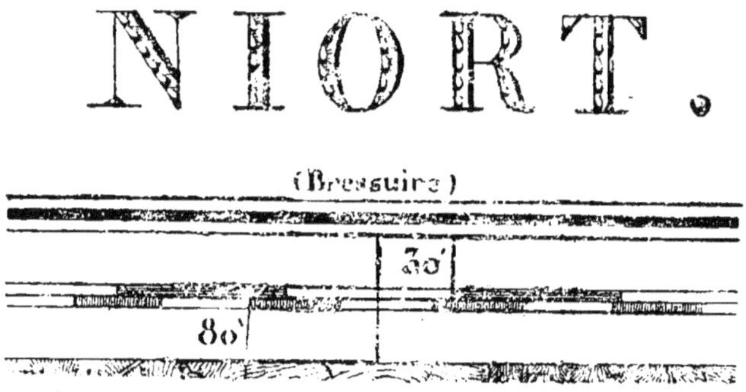

NIORT.

(Bressuire)

30'

80'

importante parmi celles qui sont comprises sur la feuille, et non pas, comme on pourrait le supposer, celui de la localité qui occupe la position centrale du dessin (Ex. : Niort).

Le numéro est écrit au-dessus de l'angle droit supérieur du cadre. Les chiffres qui le composent ont 0^m,008 de haut. Ce numéro est entouré d'un petit cadre à un seul trait, sur les côtés duquel se trouvent d'autres chiffres servant à repé-

---

(1) Dans certaines planches, la ville principale se trouvait sur le cadre ou dans un angle de la feuille. Le Dépôt de la guerre, pour y remédier, produisit, par des reports, des planches composées de moitiés ou de quarts empruntés aux feuilles voisines, qui portèrent le nom de la planche principale, marquée du signe *bis*. Les feuilles de Cherbourg, Le Havre, Rouen, Metz, Nancy, Le Mans, Orléans, Langres, Tours, Grenoble et Dijon furent obtenues de la sorte.

rer la feuille par rapport à deux axes perpendiculaires qui se coupent près d'Aurillac. (Ex. : feuille de Niort n° 142,

ayant à droite le chiffre 3, en bas le chiffre 4). L'un de ces axes est le méridien de Paris, l'autre est la tangente au parallèle moyen de 45° de latitude. Dans le cas particulier qui nous occupe, le chiffre 3 signifie que la feuille de Niort se trouve dans la 3° colonne verticale à gauche du premier axe, le chiffre 4 que cette même feuille est dans la 4° tranche horizontale au-dessus du second.

La feuille d'Aurillac, dont le centre se trouve au point d'intersection des deux axes, est ainsi repérée :

$$\overset{\circ}{\underset{\circ}{\circ\ \boxed{184}\ \circ}}$$

Deux petits rectangles se trouvent dans l'angle gauche supérieur de chaque feuille. L'un, divisé en 9 parties égales, contient autant de nombres différents. Dans l'exemple ci-après, le nombre 142, inscrit dans le rectangle couvert de hachures, n'est autre que le numéro qui a été donné, sur le tableau d'assemblage, à la feuille de Niort. Les autres nom-

130	131	132
141	142	143
152	153	154

bres : 130, 131, 132, 141, 143, etc., font connaitre les numéros que portent les feuilles voisines. Ce renseignement n'est pas inutile, puisqu'il permet de trouver rapidement le numéro de la feuille qui prolonge les détails de planimétrie ou de nivellement interrompus par le cadre de la carte que l'on a sous les yeux.

Le deuxième rectangle, reproduit plus loin, n'est pas toujours uniformément divisé comme dans le cas particulier qui nous occupe.

Les lettres a, b, c, d, e, f, indiquent les diverses parties de la feuille qui ont été levées par les officiers d'état-major employés à sa construction. Les noms de ces officiers, leur grade et la date des travaux sur le terrain se trouvent placés à côté et à droite de ce second rectangle.

Au milieu de la marge inférieure est une double échelle exprimant d'un côté des mètres (1.000, 2.000, etc.), de l'autre des kilomètres (voir la figure de la page 13). Chaque division

a	b	c
d	e	f

de l'échelle proprement dite correspond à 1.000 mètres, chaque division du talon à 100 mètres. L'échelle permet de mesurer, en une seule fois, une longueur maxima de 21 kilomètres (20 kilomètres pour l'échelle proprement dite, 1 kilomètre pour le talon.)

Deux autres échelles, l'une en lieues, l'autre en toises, qui se trouvent sur les éditions tirées sur cuivre, ont été supprimées et remplacées dans les éditions de feuilles complètes à bon marché (0 fr. 50), — au tirage desquelles on a, du reste, renoncé depuis longtemps, pour diverses causes, — par les signes conventionnels des cultures, routes, chemins et sentiers (1).

---

(1) La lieue terrestre est de 4 kil. 500.

Les noms de villes qui, dans chaque marge, se lisent contre le cadre, sont ceux des feuilles voisines de la feuille considérée. Cette indication complète celle qui est déjà fournie par le premier des rectangles dont il vient d'être question. (Exemple : page 10, Bressuire.)

On trouve encore, dans la marge inférieure des feuilles anciennes ou récentes que l'on peut être appelé à consulter :

1° Les noms des dessinateurs qui ont fait la gravure. (Exemple : Gravée, le trait par Lefebvre, la lettre par Hacq, le figuré du terrain par Chartier (1);

2° La mention : « Levée par les officiers du corps d'état-major », et la date de la publication par le Dépôt de la guerre ;

3° La date du tirage de la feuille revisée ;

4° L'une quelconque des trois mentions :

Imprimerie zincographique du Service géographique de l'armée;.... du Dépôt de la guerre;.... du Service géographique.

---

(1) On appelle *trait* tout ce qui, dans une carte, constitue la planimétrie proprement dite ; les écritures prennent le nom de *lettre* et la représentation des mouvements du sol celui de *figuré du terrain*. Il est rare, pour les travaux de quelque importance, que les trois opérations soient faites par un même dessinateur.

Chaque feuille de la carte d'état-major est entourée d'un triple cadre. Les deux cadres extrêmes formés, l'un par un simple trait fin, l'autre par un gros trait placé entre deux traits plus fins, ne sont que des ornements. Le cadre intermédiaire, assez semblable comme apparence à l'échelle métrique qui se voit au bas de la feuille, n'est pas autre chose, en effet. qu'une échelle double permettant d'obtenir rapidement la longitude et la latitude de tous les points de la carte (1). Les divisions intérieures de cette échelle sont exprimées en grades, celles extérieures en degrés. Les unes et les autres sont tracées de 10 minutes en 10 minutes.

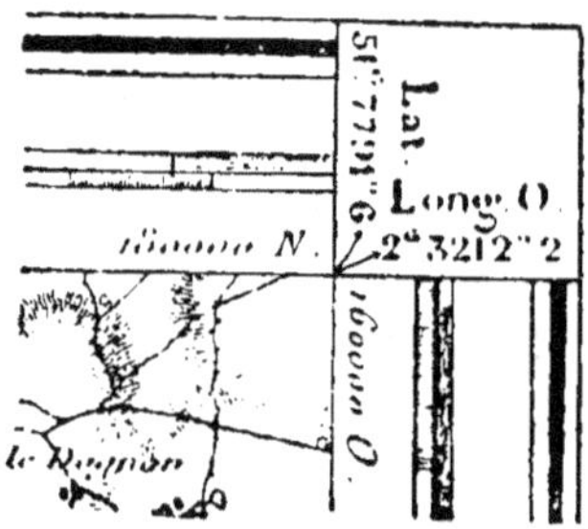

Seul, le méridien de Paris, longitude 0, est une droite parallèle aux petits côtés du cadre ; les autres méridiens sont des courbes de très grand rayon, dont le centre n'est pas le même.

____

(1) La *longitude* et la *latitude* sont des coordonnées géographiques qui servent à déterminer la position des différents points de la surface du sol. La longitude d'un point se compte sur l'équateur à partir d'un méridien d'origine qui est, en France, celui de Paris. Elle est orientale ou occidentale suivant que le point considéré est à l'est ou à l'ouest de ce méridien. On peut aussi définir la longitude d'un lieu en disant qu'elle est l'angle dièdre formé par le méridien de ce lieu avec le méridien d'origine, que l'on appelle aussi *premier méridien*. La latitude se compte, à partir de l'équateur, sur le méridien qui passe par le point que l'on considère : c'est l'angle de la verticale du lieu avec le plan de l'équateur.

Les angles sous-tendus se mesurent soit en grades, soit en de-

Les parallèles, au contraire, sont des arcs de cercle qui ont un centre commun situé sur le méridien de Paris.

L'échelle double et le cadre extérieur sont interrompus aux quatre angles pour faire place à un petit carré disposé comme le montre la figure. La longitude et la latitude du coin considéré de la feuille sont indiquées dans ce carré. (2ᵍ 3212"2 Long. O. indique que le coin supérieur droit de la feuille qui a fourni l'exemple ci-dessus, est à 2ᵍ 3212"2 à l'Ouest du méridien de Paris; 51ᵍ 7791"6, que ce même point est à 51ᵍ 7791"6 au-dessus de l'équateur.)

Il va de soi que ces renseignements, qu'il est bon de connaître, n'ont aucun rapport avec la lecture pratique de la carte.

On pourrait en dire de même des nombres qui expriment

---

grés. On peut facilement, par le calcul, passer de la première des notations à la seconde, et réciproquement; un exemple permettra de s'en rendre compte. Soit à exprimer en degrés un angle de 32ᵍ 25'12", on a :

$$32^g = \frac{9 \times 32^o}{10} = 28^o,8 = 28^o\ 48'$$

$$25' = \frac{54 \times 25'}{100} = 13',5 = \quad 13'\ 30''$$

$$12'' = \frac{324 \times 12''}{1.000} = \qquad\qquad 3'',8$$

$$\overline{32^g\ 25'\ 12'' = \qquad 29^o\ 1'\ 33'',8}$$

Pour trouver la longitude d'un point, on mène par ce point une parallèle au méridien le plus proche jusqu'à sa rencontre avec le cadre intermédiaire; puis on cherche, à gauche ou à droite de ce point de rencontre, suivant que la longitude indiquée dans le carré d'angle est O ou E par rapport au méridien de Paris, la division en grades ou en degrés qui se trouve la plus voisine. Au besoin, on a recours aux indications du carré d'angle. On compte ensuite, en suivant l'échelle jusqu'à l'intersection de la ligne que l'on a menée, les divisions de minute en minute qu'il y a lieu d'ajouter à la lecture que l'on a faite, puis les divisions en secondes qui restent à apprécier entre la dernière des divisions en minutes et le point d'intersection. Pour trouver la latitude, on procède d'une manière analogue, en commençant les lectures par le bas.

la distance en mètres, des quatre bords de chaque feuille aux deux axes de coordonnées dont il a été parlé précédemment (page 10).

Ces nombres sont écrits contre le cadre fait d'un seul trait fin, sur le prolongement des côtés intérieurs du carré placé à chaque angle. (Ex., page 14 : 160.000 O signifiant que le bord droit de la feuille considérée est à 160 kilomètres à l'Ouest du méridien de Paris ; d'après ce que nous avons déjà dit, page 11, le bord gauche sera à 160 + 64 = 224 kilomètres du même méridien.)

Édition zincographique sur quart de feuille. — Pour plusieurs raisons, et en particulier pour plus de commodité, les feuilles de la carte de l'état-major se trouvent dans le commerce sous la forme de quarts de feuille livrés au prix de 0 fr. 30 (1).

D'une façon générale, chaque quart de feuille contient les indications qui se trouvent portées sur la partie correspondante des marges de la feuille entière. Les quarts de feuille n'ont pas de cadre particulier. Dans l'ancien type, les dimensions de la partie reproduite de la feuille entière étaient calculées de telle sorte que, sur une étendue de $0^m,01$ à $0^m,02$, les mêmes détails de carte se trouvaient sur deux quarts voisins ; le passage de l'un à l'autre de ces quarts évitait leur juxtaposition. Dans le type 1889, cette précaution n'a pas été jugée nécessaire ; le raccord se fait suivant deux lignes pointillées que l'on superpose. Le nom de la feuille, son numéro et la position du quart sont écrits en capitales de $0^m,006$, dans la marge supérieure pour les quarts Nord-Est et Nord-Ouest, dans la marge inférieure pour les deux autres.

Indépendamment des indications ci-dessus, chaque quart de feuille contient uniformément :

1° Une échelle métrique ;

2° Les signes conventionnels des routes et des chemins (ceux des cultures sont supprimés) ;

---

(1) Ces quarts de feuille sont dits du *type* 1889. Il a existé antérieurement des quarts de feuille qui ne coûtaient que 0 fr. 10, mais dont l'impression était moins bonne.

3° La date du tirage ;

4° La mention : Type 1889, pour les quarts de feuille de l'édition actuelle ;

5° La mention « Imprimerie zincographique, etc..... » ;

6° La date de la revision sur le terrain.

Le nom de l'officier ou des officiers qui avaient été chargés de la revision se trouvait dans la marge supérieure de l'ancien type ; il a disparu de l'édition actuelle.

Lecture de la carte.

Villes. — Les villes sont représentées par la projection horizontale de leurs principales rues. Les *pâtés* de maisons sont couverts d'un grisé formé de traits fins (1).

Les noms sont écrits en capitales droites dont la hauteur est invariablement de : $0^m,004$ pour les préfectures ; $0^m,0028$

---

(1) Contrairement à ce qui a lieu pour la carte au 100.000° du Ministère de l'intérieur, les chiffres de population ne sont pas indiqués sur les feuilles de la carte de l'état-major ; c'est une lacune qu'il serait peut-être utile de faire disparaître. A titre de curiosité, nous rappellerons que la commission qui fut chargée de déterminer, en 1826, tout ce qui se rapportait aux détails d'exécution de la carte de France, eut l'idée, ingénieuse mais assez peu pratique, de faire connaître le chiffre de la population d'une commune, en se servant du nom qui la désignait. On avait admis qu'un croissant servirait à marquer les dizaines de mille, un trait vertical les milles, un trait horizontal les centaines, un point les dizaines. Suivant que

Guide.

2

pour les sous-préfectures qu'elle qu'en soit la population, et de 0",002 pour les villes qui ne sont que le chef lieu d'un canton.

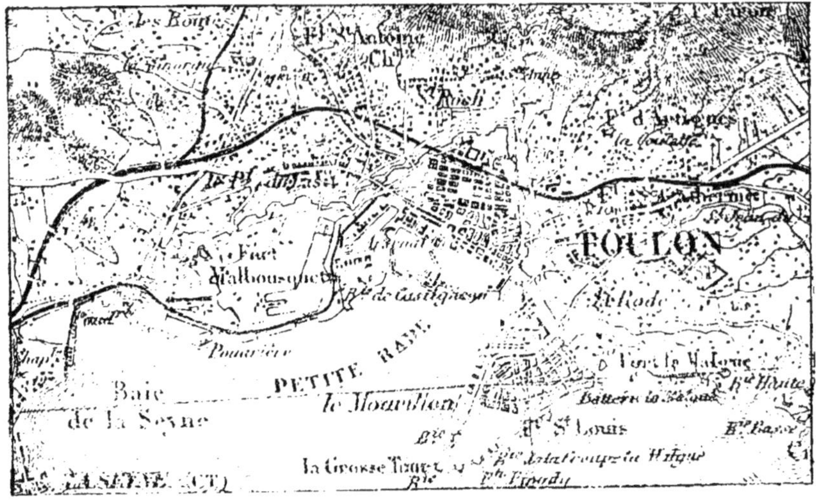

Les signes conventionnels sont, suivant le cas, placés à côté.

Pour les préfectures, le nom du département est toujours indiqué entre parenthèses. (Ex. : CHAMBÉRY et NIORT.)

Places fortes. — Sont indiquées comme les villes ordinaires. Elles ont en plus une enceinte bastionnée formée par la

---

ces différents signes auraient été placés sous la première, la deuxième ou la troisième lettre du nom, on aurait su que la population s'élevait à une, deux, trois fois, etc., 10.000, 1.000, 100 ou 10 habitants.

Le nom de Niort, par exemple, écrit des deux façons suivantes :

NIORT   NIORT

aurait indiqué une population de 43.210 habitants dans le premier cas, de 44.130 habitants dans le second.

Ce procédé ne fut pas appliqué.

projection des plans du glacis, des murs d'enceinte et, s'il y a lieu, de la citadelle et des forts.

Les plans du glacis sont recouverts du signe conventionnel des prés (page 40).

Villages. — Sont formés par toute une série de petits rectangles noirs, généralement groupés autour d'un croisement de lignes. (Ex. : autour de Saint-Maixent, planche II, les villages d'Exireuil, Saivres, Nanteuil, Paunay, La Brousse, Gentré, Souvigné, etc.) Théoriquement, chaque petit rectangle devrait représenter une maison, mais dans la pratique il n'en est pas ainsi. L'importance des villages se distingue par les écritures.

Les chefs-lieux de canton sont écrits en capitale penchée de 0ᵐ002; de plus le signe (CT) se trouve placé à côté. (Ex. : *Frontenay-Rohan-Rohan*, au Sud-Ouest de Niort, planche I.) Lorsqu'une ville est le chef-lieu de plusieurs cantons, le signe [PF], ◇SP◇ ou (CT) est placé, suivant le cas, à côté du nom de la ville et le signe (CT) écrit ou répété en un point quelconque du territoire qui est particulier à chaque canton. Le nom du canton est d'ailleurs reproduit entre parenthèses après le signe; s'il y a, dans le voisinage, une agglomération de maisons, il faut bien se garder de la confondre avec le chef-lieu de canton lui-même. (Ex. : au bas du cliché de la planche II : *Saint-Maixent (2ᵉ arrondissement)* écrit à proximité, et au Nord-Est, du mot *Romans*. Toute désignation complémentaire jointe au nom principal d'un canton est écrite en romaine droite de 0ᵐ,001. (Ex. : *Frontenay-Rohan-Rohan* sur le cliché de Niort, planche I.)

Remarques. — Certains chefs-lieux de canton actuels n'étaient que de simples communes lorsque fut levée la feuille de la carte au 80.000ᵉ qui les comprend. Leurs noms furent écrits avec les caractères employés pour désigner les communes et le changement d'écriture nécessité par l'importance nouvelle qu'ils ont acquise n'a pas toujours été fait.

Les noms des agglomérations qui sont le chef-lieu d'une commune sont toujours écrits, *quelle que soit la population*, en petite romaine droite de 1 millimètre 1 2. (Ex. :

Saint-Didier, et autour de Saint-Maixent, sur la planche II : *Sourigné, Romans, Nanteuil, Exireuil, Sairres* et *Saint-Martin-de-Saint-Maixent*.

Toute désignation complémentaire jointe à la dénomination principale d'une commune est écrite en petite romaine penchée de 8 dixièmes de millimètre. (Ex. : Saint-Martin-*de-Saint-Maixent*, Saint-Martin-*de-Bernegoué*, etc.)

Hameaux. — Les noms de hameaux sont tous uniformément écrits en petite romaine penchée de 8 dixièmes de millimètre. On les distingue, par suite, très facilement de ceux des communes. (Ex. : *Gaboureaux*, et aux environs de

Saint-Maixent sur la planche II : *La Brousse, Pannay, Combré, Aincray, Gentray, Cherchenay, Jaunay*, etc.)

Les désignations complémentaires sont écrites avec des caractères du même genre.

Il arrive quelquefois que deux hameaux portent le même nom et ne se distinguent que par l'un des qualificatifs h^t, h^{te}, (haut, haute), b^s, b^{se} (bas, basse), g^d, g^{de} (grand, grande), etc. Dans ce cas, le nom principal est écrit entre les deux hameaux, et le qualificatif est placé à côté du nom de celui des deux hameaux auquel il s'applique. (Ex.: sur la planche I, un peu au Nord de Frontenay-Rohan-Rohan, au Sud-Ouest de Niort, *La Grange* P^{te} et G^{de}; remarquer toutefois que *La Grange* n'est pas un nom de hameau).

Observation importante. — *En désignant un ensemble d'habitations constituant une sous-préfecture, un chef-lieu de canton, une commune ou un hameau, on doit éviter de se servir du mot village. Dans la plupart des cas, le nom de l'agglomération suffit; mais lorsqu'il faut une plus grande précision, il est préférable d'employer le terme technique.*

Châteaux. — Les châteaux sont indiqués par un ou plusieurs petits rectangles noirs représentant plus ou moins

exactement la projection horizontale des principaux bâtiments. Parfois aussi on leur donne, en plan, cette forme particulière :

Dans tous les cas, le nom du château, écrit en petite romaine droite de 8 dixièmes de millimètre, est toujours précédé ou suivi de l'abréviation Ch^{au} écrite de la même façon. (Ex. : Ch^{au} *d'Astouin*, et, sur la planche II, près et à l'Ouest de Saint-Maixent : Ch^{au} *de Villaines;* sur la planche I, au Sud-Ouest de Niort : *Chantigné* Ch^{au}.)

Il se peut que le nom du château ne soit pas donné ; mais l'abréviation Ch^{au} l'est toujours. (Ex. : un peu au Nord-Ouest de Niort, près de la Tiffardière.)

Si la dénomination s'applique à un château ruiné, l'abréviation Ch^{au} est écrite en italique et précédée le plus souvent du mot Anc^n (ancien).

Fermes, constructions isolées. — Les groupes de maisons

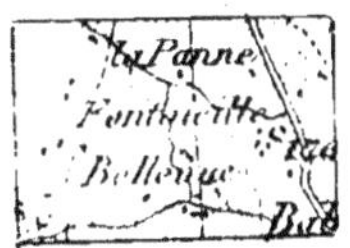

qui n'ont pas l'importance d'un hameau, les fermes, les constructions isolées sont indiqués par un ou plusieurs petits rectangles noirs. Les noms qui les désignent sont écrits en petite italique. (Ex. : *la Panne, Fontvieille, Bellevue* et, sur la planche II, aux environs de Saint-Maixent : *la Cailletière, la Thibaudière, Russais, Béchereau, l'Ouillette,* etc.)

Lorsque les fermes, les maisons ou autres bâtiments ne portent aucun nom particulier, les abréviations *Fme* (ferme), *Mon* (maison), *Bie* (bergerie), *Briqie* (briquetterie), etc. (voir le tableau de la page 50), se trouvent assez souvent placées à côté. Ces abréviations s'emploient même quelquefois lorsque les noms particuliers des bâtiments sont donnés. (Ex. : sur la planche I, au Sud-Ouest de Bessines : *Pierre-Levée Fme*.)

Il en est surtout ainsi lorsqu'il s'agit de bien préciser la nature d'une construction, soit parce qu'elle a servi à une opération géodésique, et qu'il importe, par conséquent, de la retrouver facilement parmi d'autres du même genre, soit parce qu'il est plus particulièrement utile de donner la nature d'une construction dans un pays où les lieux habités sont peu nombreux. (Ex. : sur les plateaux des Causses et du Larzac, dans l'Aveyron, où l'on ne rencontre surtout que des bergeries qu'il importe de ne point confondre avec les fermes de la région.)

Églises. — Sont indiquées par un petit cercle. (Ex. : sur la planche II, au Sud de Saint-Maixent, à l'intérieur des communes de Souvigné et de Romans.)

Si le clocher a servi pour une opération géodésique, son

centre est marqué par un point. (Ex. : le clocher de Romagnieu et, sur la planche II, à l'intérieur de la commune de Saivres, au Nord-Ouest de Saint-Maixent.)

Lorsque l'église est isolée, l'abréviation *Egse* se trouve généralement placée à côté ou entre dans la composition du vocable qui désigne l'édifice.

Chapelles, couvents, ermitages. — Sont indiqués par un petit cercle surmonté d'une croix. (Ex. : *Chapelle de Villieu.*)

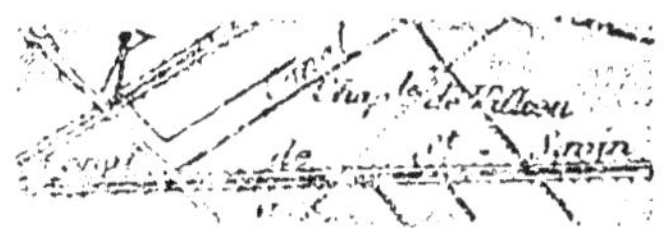

Si la chapelle, le couvent ou l'ermitage ont été utilisés pour une opération géodésique, le petit cercle est plus grand et porte un point au centre.

Les abréviations *Ch^{lle}* (chapelle), *Couv^t* (couvent) ou *H^{ge}* (hermitage) sont employées dans les mêmes conditions que pour les églises.

Cimetières. — Sont indiqués par une ou plusieurs croix placées dans le polygone qui limite le cimetière. L'abréviation *Cim^e* est souvent à côté. (Ex. : sur le dernier cliché de la page suivante).

Calvaires. — Sont indiqués par un petit rectangle noir surmonté d'une croix. L'abréviation *Calv^re* est généralement placée à côté. (Ex. : sur l'avant-dernier cliché de la page suivante, au-dessous des mots *Saint-Pierre*.)

Croix. — Sont simplement indiquées par une petite croix noire.

Tours. — Sont indiquées par un petit cercle. Le mot *tour* empêche de les confondre avec les clochers.

Phares. — Sont indiqués de même par un petit cercle ayant ou non un point au centre, ou par le signe conventionnel particulier que voici :

Phare

L'abréviation *Ph.* ou le mot *phare* complètent la désignation.

Mines. — Sont indiquées aussi par un petit cercle accompagné des mots : *Mine* ou *Puits de mine*. Ex. : sur le second des clichés suivants.)

Puits. — Ne sont généralement pas indiqués, mais lorsqu'il

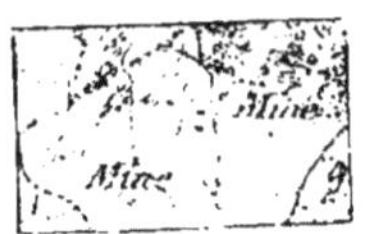

est fait exception à cette règle, on les représente par un petit cercle noir. Le mot *puits* est d'ailleurs presque toujours placé à côté.

Moulins à vent. — Sont indiqués de différentes façons suivant leur nature. Les moulins en pierre se distinguent par un petit cercle tangent à deux traits légers qui se coupent en forme d'X. L'abréviation M^{in}, seule ou suivie d'un nom, se trouve le plus souvent à côté. (Ex. : ci-dessous et, sur la planche I, au Sud-Ouest de Niort, près de Frontenay-Rohan-Rohan, le M^{in} *de la Niortaise*, le M^{in} *des Grelles*, le M^{in} au Sud-Ouest et très près de Bessines. etc.)

Les moulins en bois se distinguent par un petit carré sur-

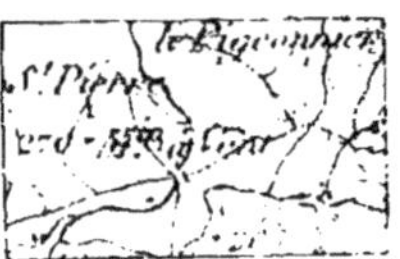

monté des mêmes traits en forme d'X. Comme pour les précédents, l'abréviation M^{in} est presque toujours placée à côté. On en trouve d'ailleurs assez peu. Pour les uns et les autres, à côté des signes conventionnels voulus, on a mis parfois les trois mots : M^{in} *à vent*, qui ne laissent plus dès lors aucun doute. (Ex. : sur la planche I, à $0^m,01$ au Sud-Ouest de Frontenay-Rohan-Rohan. et à $0^m,01$ au Nord-Est de la commune de Saint-Symphorien qui se trouve un peu plus à droite, etc.)

Moulins à eau. — Sont indiqués par une très petite roue dentée. L'abréviation M^{in} se lit généralement à côté dans les

mêmes conditions que précédemment. (Exemples nombreux.
sur la planche II, près et Sud-Ouest de Saint-Maixent, par

exemple : *Epron M^{in}; M^{in} Veillon; M^{in} de Ricous*, etc.). Si le
moulin sert à un autre usage que la trituration du blé, l'in -
dustrie particulière est exprimée en toutes lettres. (*M^{in} à
papier, M^{in} à drap*, etc.)

Usines, forges. — Sont indiquées par une petite roue dentée semblable à celle dont on se sert pour les moulins à eau,
mais ayant de plus un petit drapeau noir placé obliquement
(marteau). Les abréviations *Us^{ne}, F^{ge}* complètent la désignation.

Manufactures. — Sont indiquées comme les maisons ; le
mot *Manuf^{re}* est toujours à côté. Parfois une petite roue coupe
le bâtiment.

Dolmens. — Sont indiqués par un petit trait perpendiculaire à deux autres traits situés d'un même côté. (Ex. : au
Sud de Rom, planche III, près du hameau des Bordes, sur la
dernière lettre du mot Charruyer.)

Menhirs, pierres druidiques. — Sont indiqués comme les
maisons isolées, c'est-à-dire par un petit rectangle noir.
L'un des mots *menhir, pierre druidique*, etc., se lit toujours
à côté. (Ex. : sur la planche II, au Sud de Saint-Maixent, la
Pierre au Diable, un peu à l'Ouest de Souvigné.)

LIMITES.

Les limites de la France se distinguent par des croix noi-
res qui alternent avec des traits.
Celles des départements, par une série de traits noirs
ayant environ un demi-millimètre de long sur un tiers de
millimètre d'épaisseur. Leur espacement est à peu près égal

à la longueur d'un trait. (Ex. : au Sud de Rom, planche III, un peu à l'Est de la commune de Messé.)

Celles des arrondissements, par une série de traits noirs semblables aux précédents, mais espacés du triple de leur longueur et séparés par deux petits points. (Ex. : sur le cliché de l'Aiguillon, planche IV, le long de la rive droite du Lay.)

Celles des cantons, par une série de points noirs, les uns très petits, les autres un peu plus gros, qui alternent de deux en deux. (Ex. : sur le cliché de Niort, planche I, au Sud-Est de Saint-Symphorien.)

Les haies se représentent à peu près de la même façon ; mais leur teinte n'est pas la même. Les points qui indiquent les haies ne sont, en effet, ni franchement noirs, ni aussi nettement dessinés. (Ex. : planche II, les nombreuses haies situées entre Saint-Maixent, le Chⁱⁿ de Villaines et Pamnay, etc.)

Les limites de communes sont formées par une suite ininterrompue de petits points noirs. (Ex. : un peu partout, et en particulier, sur la planche V, à partir de la lettre *t* du mot *Belrezet* jusqu'au point coté 266.)

Les lignes d'arbres se représentant aussi par des points qui ont la même forme, il peut en résulter parfois quelque confusion, surtout, ce qui est très fréquent, si la limite de commune suit une route ; mais l'erreur ne devient plus possible, en se souvenant que l'espacement des points n'est pas le même dans les deux cas. (Ex. : planche II, sur le trait Est de la route nationale qui se trouve au Nord-Ouest de Saint-Maixent, ligne d'arbres depuis l'Ouillette jusqu'à la cote 86 et sur le trait Ouest, limite de commune entre les mêmes points.)

Nota. — Les sentiers se représentent un peu comme les limites de département, c'est-à-dire par des traits ; mais il n'est pas possible de confondre les deux signes conventionnels, car les traits qui représentent les sentiers sont excessivement fins, contrairement à ce qui a lieu pour les limites de département.

Voies de communication.

Routes nationales. — Sont représentées par deux traits parallèles. d'inégale épaisseur, menés à $0^{mm},65$ l'un de l'autre.

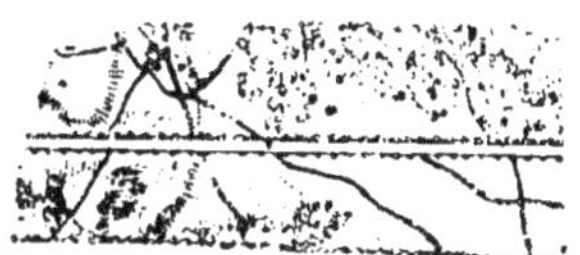

(Ex. : planche I, les deux traits en ligne droite qui relient Niort à Frontenay.)

Lorsque la route est bordée d'arbres, les deux traits ont une ligne extérieure de points. (Ex. : planche II, au Sud-Ouest de Saint-Maixent.) De distance en distance, la dénomination générale de la route se trouve indiquée. Elle l'est au moins une fois sur chaque feuille au 80.000°, et se trouve écrite parallèlement aux traits. Les mots en sont très espacés, mais leur assemblage est facile. Le numéro de la route est même quelquefois donné. (Ex. : *Route nationale n° 14 de*, etc.) Entre deux points assez rapprochés, la dénomination locale de la route se trouve mentionnée le plus souvent. Elle est alors écrite en petite italique.

Quelle que soit leur largeur, les routes nationales sont toujours représentées de la même façon.

Routes départementales. — Sont représentées par deux traits parallèles. d'égale épaisseur, menés au même écarte-

ment que ceux des routes nationales. (Ex. : sur la planche II, la route qui, du carrefour de Nanteuil, descend vers le Sud-Est ; sur la planche V, la route entre Uzès et Serviers.)

Lorsque la dénomination générale de la route est indiquée.

elle est toujours écrite en italique. (Ex.: sur la planche V,
route des Vans.)

Les routes stratégiques ne sont, au fond, que des routes
départementales, et quelle que soit leur largeur, les routes
départementales sont toujours représentées de la même
manière.

Chemins de viabilité certaine. — La carte de l'état-major
comprend sous ce nom tous les chemins dont la largeur est
suffisante pour que deux voitures puissent se croiser facile-

ment aux allures vives (5 ou 6^{m}) et qui sont praticables en
toute saison. Ils sont indiqués par deux traits fins beaucoup plus rapprochés que ceux des routes départementales.
Leur écartement ne dépasse pas un demi-millimètre. (Ex.:
sur la planche II, la route de Saint-Martin à Souvigné; sur
la planche III, la route qui, de l'Est à l'Ouest, passe par
Rom, etc.) Ces chemins peuvent être bordés d'arbres. (Ex.: sur
la planche I, au Sud-Ouest de Niort, le chemin qui, de Bessines, se dirige vers la ferme de la Pierre-Levée.)

Chemins de viabilité incertaine. — Sont indiqués par deux
lignes parallèles: l'une pleine, l'autre formée par des élé-

ments de trait (et non par des points). L'écartement entre
les deux lignes ne dépasse pas un demi-millimètre.

Chemins d'exploitation. — Sont indiqués par un simple trait noir. (On en trouve un peu de tous les côtés sur les fragments de carte que nous donnons, mais comme exemple, on peut choisir ceux qui, sur la planche III, conduisent de Bonneuil à Sainte-Solline et Asnières, de Rom aux cotes 124 et 129, etc.)

Ponts et ponceaux. — Les ponts et ponceaux se reconnaissent, dans tous les cas, à l'interruption du signe conventionnel du cours d'eau entre les lignes qui figurent la route ou le chemin. Deux petits traits, dont les extrémités sont en retour, peuvent compléter la désignation, mais manquent généralement. (Ex. : sur la planche III, à la sortie Ouest de Rom). Assez fréquemment, l'entrée et la sortie du cours d'eau sont indiquées par quatre petits traits qui bordent ce cours d'eau de chaque côté de la route. (Ex. : sur la planche V, dans l'angle inférieur gauche, le ponceau qui est représenté au-dessus de la lettre *C* du mot *Capelle*). Ces traits sont d'ailleurs indispensables lorsqu'il s'agit d'un pont ou ponceau destiné à un chemin d'exploitation ou à un sentier, dont le signe conventionnel est une ligne.

Remarque très importante : Il arrive *souvent* que les limites d'une commune, d'un chef-lieu de canton ou d'un département suivent le tracé d'un chemin d'exploitation, et forment ainsi, sur le côté, comme une seconde ligne qui peut être prise soit pour une ligne d'arbres, soit pour les traits interrompus d'un chemin, dont la viabilité n'est pas certaine. De telles erreurs ne sont pas possibles en ne perdant pas de vue :

1° Que les points qui indiquent les arbres sont toujours beaucoup plus espacés que ceux qui indiquent une limite ; 2° que la ligne non continue d'un chemin dont la viabilité n'est pas certaine est toujours formée par des éléments de trait nettement accusés, mais de fort peu d'épaisseur. (Comparer, par exemple, sur la planche III, au Sud de Rom, près de Messé, la ligne bordée de points [chemin d'exploitation suivi par une limite de commune], qui va de la cote 135 à la Roche-Elie, avec le chemin de viabilité incertaine, suivi par une limite de département, qui conduit du hameau des Bordes à la ferme de Breuil.)

Un chemin d'exploitation peut encore être confondu :
1° avec un ruisseau. — Comme nous le verrons page 35, la
représentation est à peu près la même ; mais outre que le
ruisseau suit généralement la ligne blanche qui caractérise
le fond de beaucoup de vallées, sa direction est encore presque toujours plus ou moins sinueuse. D'ailleurs, tandis que
le trait qui représente un chemin d'exploitation conserve
partout la même épaisseur, le trait qui représente un ruisseau
va en s'élargissant.

2° Avec un fossé ou un mur. — Ici encore, la différence est
parfois difficile à saisir. Cependant, comme les fossés ou les
murs ont des longueurs restreintes, il suffira, en cas de doute,
de suivre le trait considéré sur une certaine étendue. Le
tracé des murs se brise généralement à angles droits, ce qui
n'a presque jamais lieu pour les chemins. Si le trait commence à un ruisseau pour finir de même, il s'agit presque
toujours d'un fossé plein d'eau. Une connaissance sommaire
du pays ne sera pas inutile dans bien des cas. Il faut savoir,
par exemple, que dans la Vendée, toutes les propriétés d'une
certaine région, appelée le Marais, sont séparées par des
fossés pleins d'eau, bien que la régularité même du tracé de
ceux-ci puisse suffire, à la rigueur, pour mettre en garde
contre une fausse interprétation. (Ex. : sur la planche I, à
l'Ouest de Niort, les fossés pleins d'eau compris entre Bessines, Chanteloup et Magné, et sur le premier cliché de la
page 38 les lignes à un seul trait qui sont au Sud des marais
salants.)

En résumé, tout trait noir d'épaisseur constante, qui n'est
ni sinueux, ni à angles droits, peut être considéré, sans
grandes chances d'erreurs, comme un chemin d'exploitation.

Les traits qui représentent les parallèles et les méridiens
ont un peu l'apparence des chemins d'exploitation ; leur
grande longueur en ligne droite empêchera toujours de les
confondre avec eux.

En désignant un chemin, soit verbalement, soit dans un
rapport, *on doit éviter de se servir des mots :* chemin vicinal ;
chemin d'intérêt commun ; chemin de grande, de petite ou
de moyenne communication ; encore moins des mots : chemin de communication, qui ne signifient rien. Ces appella-

tions peuvent être bonnes pour le service des ponts et chaussées; mais elles ne renseignent pas sur la viabilité du chemin. Il est, à tous égards, préférable de ne faire usage que des termes qui sont employés en topographie.

Chemins de fer. — On a eu recours à deux signes conventionnels différents. Avec le plus ancien, qui tend à disparaître, les chemins de fer sont représentés par un trait noir de 1/2 millimètre environ d'épaisseur, bordé à droite et à gauche, et en alternant, d'une série de petits rectangles pleins, images lointaines des traverses. Avec l'autre, ils sont indiqués par un simple trait noir. (Ex. : sur la planche I, autour de Niort, et en particulier le trait noir qui va de Niort à Frontenay-Rohan-Rohan.)

Comme beaucoup de chemins de fer n'existaient pas lorsque la carte fut construite, on a dû les ajouter plus tard. Pour ménager les écritures, ou ne pas avoir à les déplacer sur les planches gravées sur pierre, par le manque de place aussi, on a interrompu le gros trait noir aux endroits voulus et on l'a remplacé par un simple trait fin. Il ne faut donc pas confondre ces interruptions accidentelles avec les *tunnels* qui se représentent par des éléments de traits conservant l'épaisseur du trait principal. (Ex. : sur la planche II, un peu à l'Est de Saint-Maixent, les interruptions nécessitées par les mots

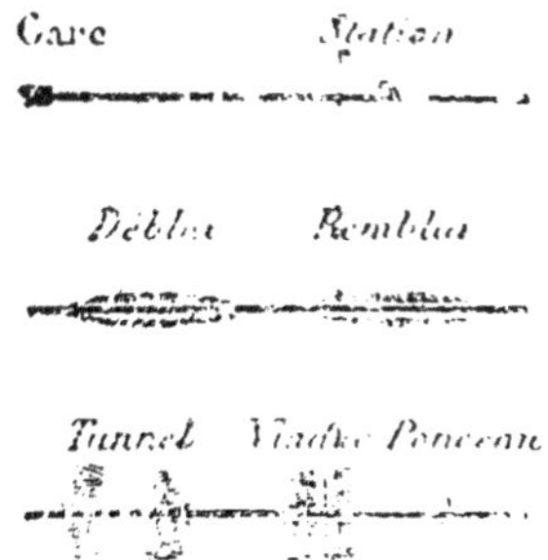

Croissardières, Battereau, M^{on} Neuf, Pallu; sur la planche V, celles dues aux mots *Serriers, Arçaillargues*, etc.).

Un tunnel de quelques mètres ne peut évidemment pas se représenter par des éléments de trait; dans ce cas, le trait de la voie est simplement interrompu, et deux petits traits fins, qui lui sont perpendiculaires, correspondent à l'entrée et à la sortie du tunnel.

Stations. — Sont indiquées par un petit rectangle noir à côté duquel se trouve écrit le mot *station*, ou plus généralement l'abréviation. *St⁰ⁿ*. (Ex. : le mot *station* au nord de Frontenay-Rohan-Rohan.) Parfois, le petit rectangle noir est entouré d'un autre rectangle en traits fins. (Ex. : sur la planche V, la station *Uzès*.)

Sur la carte au 80.000ᵉ, il n'est pas possible de distinguer quel est le nombre de voies d'un chemin de fer.

Chemins de fer à voie étroite. — Les chemins de fer à voie étroite, qui servent soit au transport des voyageurs (tramways et chemins de fer économiques), soit à l'exploitation des mines, ont d'abord été représentés comme les plus anciens des chemins de fer ordinaires ; mais le gros trait est généralement moins épais. Les chemins de fer miniers sont d'ailleurs d'autant plus faciles à distinguer, qu'ils suivent, pour la plupart, le flanc d'une montagne. Le nouveau signe conventionnel que l'on emploie est constitué par un trait noir, peu épais, coupé de traverses. Lorsque le chemin de fer suit une route, ces traverses n'existent que d'un seul côté.

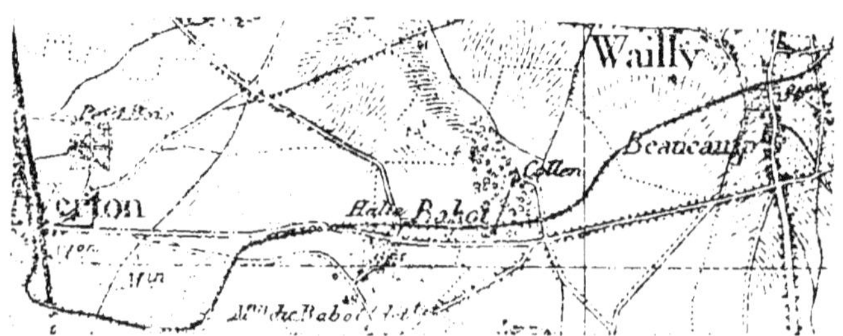

Les routes ou chemins peuvent être *au-dessus*, *au-dessous* ou *au niveau* des voies ferrées. Les *passages* sont représentés, dans le premier cas, par l'interruption du signe conventionnel de la voie ferrée ; dans le second, par l'interruption du signe conventionnel de la route ou du chemin. Lorsque le passage est *à niveau*, les signes conventionnels de la voie ferrée et de la route ou du chemin se coupent, sans aucune interruption. (Ex. : de *passage en dessus*, sur la planche I, près de Frontenay-Rohan-Rohan ; — de passage *en dessous*, au point où la voie ferrée se bifurque ; — de passage à niveau, au Sud-Ouest de Niort, sur la route de Frontenay).

Sentiers. — Sont indiqués par une ligne formée par des traits interrompus identiques à ceux qui sont parallèles au trait plein dans les chemins de viabilité incertaine. (Ex. : sur le cliché de Niort (planche I) à 0^m,01 à l'Est des moulins à vent situés au Sud de Frontenay-Rohan-Rohan.)

Il faut bien se garder de les confondre :

1° Avec une limite de département, dont les éléments de trait sont beaucoup plus gros ;

2° Avec une limite de commune, formée par des points et non par des éléments de trait ;

3° Avec une haie, formée par des points de grosseur inégale et de teinte claire.

Dans les pays plats, on ne rencontre que fort peu de sentiers ; les haies y sont, au contraire, très fréquentes.

Voies romaines. — Sont indiquées, en principe, par deux lignes parallèles de traits interrompus semblables à ceux des sentiers ; mais lorsqu'une route ou un chemin ont pris

la place de la voie romaine, le signe conventionnel de la route ou du chemin est seul d'usage. Les mots *Ancienne voie romaine,* ou le nom de la voie (ex. : *voie Aurélienne*), écrits en italique, permettent seuls d'établir une distinction.

Lignes télégraphiques et téléphoniques. — Ne sont pas indiquées.

Déblais et remblais. — Sont indiqués par des hachures effilées, très serrées, perpendiculaires à la voie de communication. La pointe de ces hachures est dirigée vers l'extérieur pour les remblais, vers l'intérieur pour les déblais. Toutefois, comme à l'échelle du 80.000ᵉ, une hauteur de 20 mètres de remblai ou un déblai de 20 mètres ne correspondent qu'à un quart de millimètre, on comprendra aisément qu'il n'y ait que les déblais et les remblais fort considérables qui puissent être représentés. C'est ce qui explique leur petit nombre sur la carte de l'état-major.

EAUX.

Sources et fontaines. — Sont indiquées par un très petit cercle à côté duquel se trouvent presque toujours écrits le mot *Fontⁿᵉ* (fontaine) ou le mot *Sᶜᵉ* (source). Ex. : sur le premier cliché de la page 24 ; à 0ᵐ,03 à l'Est de Saint-Maixent, planche II, dans l'intérieur de la convexité que fait la route nationale, et à 0ᵐ,01 à l'est de Paunay, sur le chemin de viabilité certaine qui conduit à ce hameau, etc.) Il peut arriver que le signe conventionnel d'une source ou d'une fontaine soit indistinct ; dans ce cas, il y a une route ou un ruisseau, la fontaine ou la source se trouvent généralement sur leur parcours.

Fosses. — Sont indiquées, lorsqu'elles ont une certaine importance, par le signe conventionnel des fontaines. Le mot *fosse* est écrit à côté.

Ruisseaux. — Les ruisseaux de faible importance, et ceux qui sont généralement sans eau, sont indiqués par un trait noir qui s'élargit à mesure qu'on s'éloigne du point où il

commence. Les sinuosités caractéristiques de ce trait le font distinguer facilement des murs ou des chemins d'exploitation qui se représentent presque de même. (Ex. : sur la planche III, le trait sinueux qui, de Rom, se dirige vers Bonneuil en passant entre Lais et Chabanne; le comparer au chemin d'exploitation qui, du même point, se dirige vers Bonneuil par les cotes 124, 129 et 130.)

Les ruisseaux sont parfois bordés d'arbres; les points noirs touchent alors le trait, et leur écartement permet de ne pas les confondre avec les limites de commune qui d'ailleurs ne touchent pas au trait. (Ex. : sur la planche III, entre Chabanne et le moulin de Bonneuil où des arbres (points plus espacés) continuent la limite de commune venant du moulin de Bonneuil.) Si des arbres sont indiqués des deux côtés du ruisseau, comme les points noirs qui les figurent vont en alternant, la méprise n'est plus possible.

Si le nom du ruisseau est donné par la carte, les abréviations *R* ou *Rau* le précèdent ou le suivent presque toujours. Ce nom est écrit en petite italique. (Ex.: sur la planche I, le *Bief*, à 0^m,03 au Nord de Frontenay-Rohan-Rohan, etc.)

Rivières. — Les rivières sont indiquées, suivant leur importance, soit comme les ruisseaux, mais par un trait plus épais; soit par deux traits noirs d'inégale épaisseur, dont l'intervalle, s'il atteint ou dépasse un quart de millimètre, est occupé par un grisé formé d'autres traits excessivement fins.

Les noms de rivière sont toujours donnés ; ils sont écrits, suivant l'importance du cours d'eau, en petite italique de trois quarts de millimètre, en italique grasse de un millimètre, ou romaine droite de un millimètre. (Ex. de petite rivière : la Dive sur la planche III; ex. de rivière plus importante :

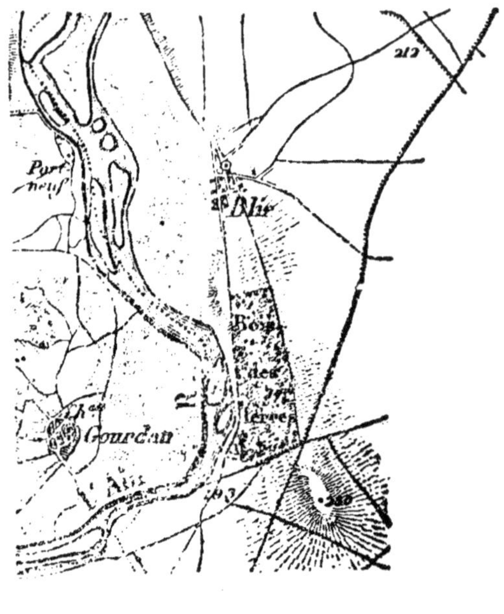

l'Ain, et, sur la planche I, à l'Ouest de Niort, la *Sèvre*, dont le nom est écrit à côté de la dernière lettre du mot Magné.

Fleuves. — Sont indiqués aussi par deux traits qui s'écartent de plus en plus à mesure qu'on se rapproche de la mer.

L'intervalle compris entre ces deux traits est occupé par un grisé formé de traits parallèles qui sont de plus en plus espacés à mesure qu'on s'éloigne des bords du fleuve. Les noms des fleuves sont écrits uniformément en capitales penchées de 0,0015 de hauteur. (Ex.: sur la planche IV, le *Lay*.)

Si le fleuve est très large, le milieu de l'espace compris entre les traits extrêmes peut rester en blanc. Une petite ancre indique le point où le fleuve devient navigable; elle est placée au milieu du cours d'eau.

Iles fluviales. — Sont faciles à reconnaître à cause de la forme concentrique que prennent autour d'elles les petits traits fins parallèles aux bords. (Ex. : l'Ain.)

Mer. — La mer est indiquée par des traits fins et tremblotés, tracés parallèlement à la côte. Leur écartement augmente à mesure qu'on s'éloigne. Les îles maritimes sont indiquées de la même façon que les précédentes. (Ex.: sur la planche IV.)

Canaux. — Sont indiqués, suivant leur nature, soit par un trait noir assez épais, entre d'autres traits qui figurent des

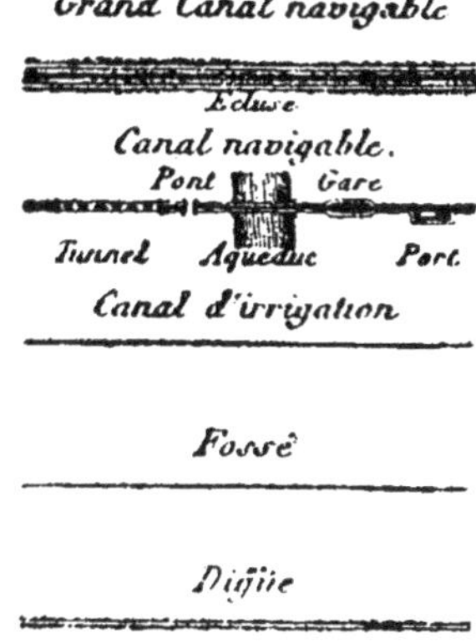

chemins de halage (grand canal navigable), soit par un trait noir, assez épais, entre deux autres traits moins épais (canal navigable), soit enfin par un seul trait de moindre épaisseur (canal d'irrigation, fossé).

Remarque. — Par exception à ce qui a été fait pour le reste de la France, certains fossés plus larges que les autres ont été représentés par deux ou trois traits d'égale épaisseur sur les feuilles de la carte d'état-major de la région du Marais

(Vendée). (Ex. : les deux triples lignes en forme de V qui se rejoignent près des mots les Quatre-Piliers, etc.)

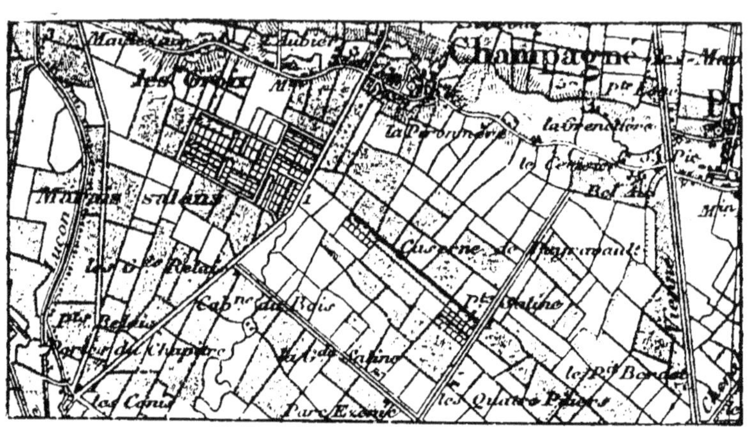

Comme on pourrait confondre ces fossés avec des chemins de viabilité certaine, on a eu le soin de les signaler par les mots *canal* ou *chenal*, suivis fréquemment d'une dénomination particulière.

Écluses. — Sont indiquées par un V renversé (ᗐ) placé en travers du signe conventionnel des canaux. Le mot *écluse*, entier ou abrégé, se trouve presque toujours écrit à côté.

Gares d'eau, ports. — Sont indiqués par des élargissements réguliers analogues aux petits rectangles noirs qui représentent les stations de chemin de fer. (Voir le cliché de la page 37.)

Étangs naturels. — Sont représentés de deux façons, suivant leur étendue. Si l'étang est très petit et isolé, l'inté-

rieur de la ligne courbe qui le limite est rempli par des traits fins et horizontaux qui forment un léger grisé analogue à celui dont on s'est servi pour marquer les îlots des villes.

Parfois, les étangs ont, sur la carte, des proportions extrêmement restreintes. Ils ressemblent alors aux petits cercles grisés qui représentent les bois; mais leur nombre considérable sur un même point empêche toute erreur. Toutefois, lorsqu'un petit étang se trouve au milieu d'un bois, il n'est guère possible de le distinguer autrement que par sa forme généralement plus allongée que celle des signes qui représentent les bois.

Lorsqu'un étang est d'une certaine importance, les traits fins intérieurs sont parallèles aux bords. (Ex. : sur la planche IV, deux étangs entre les mots *P^{te} de Jaux* et *Pointe de la Roche*, sur la côte.) Il en est de même lorsque l'étang est produit par l'élargissement d'une rivière. Toutefois, cette règle n'est pas absolue; dans les Dombes, par exemple, les étangs, quelle que soit leur étendue, sont indiqués par des traits horizontaux. D'autres traits intercalés sur les bords donnent une teinte un peu plus foncée aux contours de l'étang.

Quand l'étang est formé par un *barrage*, l'un de ses côtés est rectiligne et représenté généralement par un double trait indiquant une digue. Le cours de la rivière ou du ruisseau est perpendiculaire au milieu de ce côté.

Étang et Chaus^ée

Marais. — Sont les seuls détails topographiques figurés en perspective à l'aide de petites touffes d'herbes se détachant sur un fond grisé de place en place horizontalement. Les contours des marais ne sont jamais très nettement indiqués.

Laisses de haute et de basse mer. — Sur les bords de l'Océan, la carte indique les laisses de haute et de basse mer, limites extrêmes des plus fortes marées. La laisse de haute mer est nettement délimitée : c'est le contour de la *côte*, et quelques traits fins, qui lui sont à peu près parallèles, la font mieux ressortir. (Ex. : sur la planche IV, la ligne qui est au Nord-Est du chenal de la Raque.)

La laisse de basse mer est aussi fort nette sur la carte, mais beaucoup plus vague en réalité : c'est à partir de la laisse de basse mer que commence le signe conventionnel des océans. (Ex. : la ligne courbe qui, dans le même cliché, part du commencement des mots : *Pointe d'Arcay*, et passe près de la dernière lettre des mots : *Pointe des Jaux.*)

L'espace compris entre les laisses de haute et de basse mer se nomme *l'estran*. On lui a donné une teinte grise uniforme obtenue à l'aide de petits points très rapprochés, mais disposés sans aucun ordre; c'est le signe conventionnel des

sables. (Exemple très net, planche IV, entre le chenal de la
Raque et la Pointe des Jaux.)

Lorsqu'un cours d'eau se jette dans l'Océan, son estuaire
est indiqué, dans l'estran, par un rapprochement des petits
points produisant une teinte plus noire fondue vers l'extérieur. (Ex. : les deux cours d'eau qui se jettent dans l'Océan
autour des mots : *Anse de l'A[iguillon].*)

NOTATIONS DIVERSES

Les *vergers* sont représentés par une série de points disposés en quinconce; les *jardins* par un léger feuillé figurant
des massifs et des allées.

Les *vignes* sont indiquées, comme les vergers, par une
série de points; mais ceux-ci sont disposés sur des lignes
parallèles; leur rapprochement fournit l'image d'un sillon.
(Ex. : sur la planche I, au sud-est de Frontenay-Rohan-
Rohan.)

Les *prés* sont représentés par des éléments de trait dont
le rapprochement donne au papier l'apparence d'une teinte
grise uniforme. (Ex. : sur la planche I, au sud-ouest de
Niort, entre Bessines et Magné; sur la planche II, à l'ouest

de Saint-Maixent autour du hameau de la Brousse; sur la planche III, entre Sainte-Solline et Bonneuil, etc.)

Les *bois* sont indiqués par des cercles irréguliers, couverts d'un grisé se détachant sur un fond de feuillé très léger. (Ex. : sur la planche III, à l'est de Messé, la garenne de Chémeraux. etc.)

Les *bruyères* sont indiquées par des cercles beaucoup plus petits que précédemment; elles ont, en général, l'apparence d'un bois peu épais. (Ex. : sur la planche V, à l'Est de Belvezet).

Les *tourbières* sont généralement représentées par des figures rectangulaires, couvertes d'un grisé, disposées sur chemins entourés de marais. Il y a cependant des exceptions, et leur signe conventionnel peut ne pas différer de celui des marais.

Les *marais salants* sont indiqués par des rectangles correspondant à la projection des bassins. (Ex. : sur le premier cliché de la page 35.)

Les *rochers plats* et les *falaises* sont figurés par des hachures brisées ayant l'aspect de facettes.

Les *dunes* ont été obtenues par le groupement, de distance en distance, de points conventionnels formant un fond de *sable*. (Ex. : sur la planche IV, et sur le second cliché de la page 38.)

Le caractère spécial de ces signes les met d'ailleurs à l'abri de toute confusion. Les tourbières pourraient, à la rigueur, être prises pour des villages ; mais outre qu'il n'y a généralement pas de nom à côté, les traits de force des excavations sont placés à l'Ouest et au Nord, et le grisé qui recouvre celles-ci est horizontal et non plus incliné à 45 degrés. Aucun des rectangles des tourbières n'est du reste complètement noir, contrairement à ce qui a lieu pour les habitations.

NIVELLEMENT

Il est à peu près impossible de donner des règles pour la lecture du nivellement ; si quelques conseils sont utiles, l'exercice et la réflexion conduisent seuls à de bons résultats.

Les hachures foncées parlent assez à l'œil, généralement, pour que la sensation des reliefs et des creux puisse se faire facilement ; les seules erreurs qui soient à craindre provien-

nent des mouvements de terrain trop faiblement accentués. Il ne faut pas perdre de vue, dans ce cas, que les *lignes blanches qui se développent sur la carte comme des arborescences sont généralement des fonds de vallées.* (Ex. : sur la planche III, autour de Rom, et en particulier dans la direction de Bois-Messé.)

Exemple de lecture de carte. — Comme application de ce qui précède, nous donnerons un exemple de lecture de carte en vue surtout des examens que des candidats peuvent avoir à subir.

Soit à exprimer la situation topographique d'un point E (pont sur le ruisseau de Seynes, planche V, à 1.800 mètres au Sud de Montaren). Par le point E, on mène le méridien E A et le parallèle E B, en se guidant sur le méridien et le parallèle de la carte qui se trouvent les plus rapprochés du point E, et, dans l'exemple choisi, se coupent un peu au-dessous du mot *Uzès.* On obtient ainsi les points A et B dont on n'a plus qu'à exprimer la position sur l'échelle.

Remarquons, pour cela, que le méridien le plus proche de la ligne E A est coté 2ᵍ 30' ; la longitude étant orientale, ainsi que l'indique le carré d'angle, les divisions de l'échelle des grades iront en diminuant chaque fois d'une minute dans le sens du bord gauche de la carte. On voit donc que, dans l'exemple choisi, le point A se trouvera compris entre 2ᵍ 26' et 2ᵍ 27'. En exprimant la valeur 26 A, on voit que cette valeur est à peu près égale aux

8/9ᵉ d'une division, soit $\dfrac{1' \times 8}{9} = \dfrac{60'' \times 8}{9} = 53'',3.$

La longitude du point E sera donc :

$$2^g\ 26'\ 53'',3.$$

On pourrait l'obtenir différemment en remarquant que le bord gauche supérieur de la carte a pour longitude 2ᵍ 22,04''8 E, et que, par conséquent, la première des divisions, dans le sens du bord droit, est égale à 2ᵍ 23''.

La position du point B, sur l'échelle des grades, exprimée d'une façon analogue, donnerait pour valeur à la latitude du point E :

$$48^g\ 90'\ 32'',5.$$

L'approximation, dans l'expression de la longitude et de la latitude du point E, dépend donc uniquement, comme on le voit, de l'exacte appréciation des deux longueurs 26'A et 9' B. On pourrait la faire à la vue, mais il est préférable de se servir d'un double décimètre.

L'expression, en degrés, de la longitude et de la latitude, serait obtenue de la même manière. Nous trouverions que les coordonnées du point E sont respectivement :

$$\text{Long. E., } 2°\ 2'16''.$$
$$\text{Lat. } 44°\ 0'54'',5.$$

Une vérification pourrait être faite par le calcul.

Indications fournies, suivant une direction donnée, par la carte de l'état-major. — Soit OP cette direction ; en partant du point O nous trouvons d'abord un ruisseau d'une certaine importance, à l'Est duquel passe un chemin de viabilité certaine en toute saison. Le terrain traversé est complètement plat ; on arrive ensuite à une vigne, à 150 mètres du ruisseau, puis à un chemin d'exploitation et enfin à un nouveau chemin de viabilité certaine. A partir de ce point, le terrain se relève ; la direction tracée, laissant à quelques mètres à gauche une maison et à droite un chemin d'exploitation,

passe au pied d'une croupe, franchit le chemin d'exploitation dont nous venons de parler, traverse une petite vallée
et remonte sur une croupe. De ce point, jusqu'à la limite
de commune qui suit la crête des hauteurs, entre les
cotes 178 et 206, et à 2.900 mètres du point de départ (1),
la direction tracée suit une ligne ascendante ; elle coupe
trois ravins, le parallèle 48°90' et trois chemins d'exploitation. Deux de ces ravins ont leur thalweg marqué par un
ruisseau. Le terrain traversé est garni de bruyères.

A partir de la limite de commune, le terrain s'abaisse jusqu'au ruisseau de Seynes. La direction donnée suit d'abord
le versant d'une croupe, puis traverse un prolongement de
la croupe elle-même. Les détails de planimétrie qu'elle ren
contre sont des vignes et quatre chemins d'exploitation, dont
trois forment une patte d'oie au point où vient aboutir une
limite de commune qui borde un chemin d'exploitation. La
berge de gauche du ruisseau de Seynes est plus élevée que
celle de droite ; le rapprochement des hachures qui termi-
nent la croupe indique, de plus, que cette berge de gauche
est assez escarpée.

Le ruisseau de Seynes franchi, la direction suivie, d'abord
en terrain plat, ne tarde pas à se relever. Elle gravit le versant d'une croupe, coupe un chemin d'exploitation et
arrive à une voie ferrée, très près de la station de Montaren
qu'elle laisse à gauche, puis à une route départementale —
celle d'Alais à Uzès, comme on peut le voir sur le bord gauche de la carte. Entre la voie ferrée et la route départementale, qui n'en est séparée que de quelques mètres, est un
chemin d'exploitation venant du côté de Montaren et rejoi-
gnant la route à la station.

A partir de la route départementale, la direction que nous
avons à suivre continue à longer le flanc d'une croupe en
s'élevant progressivement jusqu'à une ligne de faîte qu'elle
franchit au pied d'un mamelon ; elle descend dans un ravin,
coupe une nouvelle croupe transversalement, rencontre un
autre ravin et arrive au chemin de viabilité incertaine qui,

---

(1) Voir la note de la page suivante.

de Montaren, conduit à Saint-Médiers. Quelques broussailles et une vigne ont été rencontrées sur ce parcours.

Du chemin de Saint-Médiers, que traverse un chemin d'exploitation, la direction donnée se confond pendant un instant avec un autre chemin d'exploitation ; elle laisse à droite deux bergeries, passe au point de rencontre de deux ravins, coupe un chemin de viabilité certaine et arrive à un troisième chemin d'exploitation après avoir franchi transversalement une croupe plantée de vigne. Ce chemin d'exploitation, qui suit le fond d'une vallée, se bifurque ; une de ses branches, remontant une petite vallée en longeant une vigne, vient rejoindre la direction suivie sur la ligne de faîte, presque au sommet, d'un mamelon très allongé. On passe ensuite au sommet de ce mamelon, puis à un col, et, laissant à gauche le hameau de Jarnac, on arrive à la route départementale d'Uzès aux Vans, après avoir coupé transversalement une croupe et rencontré un chemin d'exploitation.

De cette route jusqu'au bord supérieur de la carte, la direction est prise à travers des bruyères. Elle coupe encore transversalement une nouvelle croupe, passe à la tête d'une vallée où elle franchit un chemin d'exploitation, traverse un plateau garni de broussailles, rencontre le méridien 2ᵍ 30, puis un chemin d'exploitation et, finalement, arrive au cadre, après avoir passé un ravin que suit un chemin d'exploitation.

La longueur totale du trajet est de 11.280 mètres (1).

On opérerait de même pour d'autres directions, telles que RS ou MN.

---

(1) On l'obtient par la formule

$$\frac{l}{L} = \frac{1}{M}$$

dans laquelle l est la longueur ($0^m,141$) mesurée sur la carte et M le dénominateur de l'échelle, c'est-à-dire 80.000.

Cette formule, qui s'applique à tous les cas, donne :

$$L = l \times M = 0,141 \times 80.000 = 11.280.$$

Emploi de la carte sur le terrain.

On n'est apte à se servir de la carte de l'état-major que lorsque tous les détails qui la composent sont devenus assez familiers pour être reconnus rapidement et sans erreur.

Sur le terrain, la première des conditions est de *s'orienter*. Une double opération est alors nécessaire :

1° *Reconnaître ou déterminer sur la carte la position du point où l'on se trouve ;*

2° *Placer les lignes de la carte parallèlement aux lignes correspondantes du terrain.*

Dans la plupart des cas, la reconnaissance du point où l'on se trouve peut être faite à première vue, le plus souvent parce que le nom de ce point, ou d'un point très rapproché, figure sur la carte. S'il y a lieu de le déterminer, on tend sur un carton ou sur un carnet une feuille de papier transparent et par un point quelconque O, pris vers le milieu de cette feuille, on vise trois points de la nature facilement reconnaissables sur la carte (maisons, clochers, cheminées d'usine, moulins, etc.). On trace les directions O a, O b, O c de ces trois points ; on transporte le papier sur la carte et on le fait mouvoir jusqu'à ce que les lignes O a, O b, O c passent respectivement par la représentation des points A, B et C de la nature. On n'a plus qu'à décalquer le point O pour obtenir la projection o du point de stationnement.

De toute façon, lorsque le point de départ a été reconnu ou déterminé, on commence par jeter les yeux sur l'itinéraire que l'on compte suivre, puis on compare autour de soi le dessin et la nature en faisant tourner la carte jusqu'à ce que chaque détail du terrain apparaisse bien dans la direction que prendrait une ligne fictive joignant, sur la carte, le point de départ à la figure du détail.

Quand on dispose d'une boussole, on place la ligne 0-180 (ou 0-200) ou simplement le côté de la boîte, lorsque celle-ci est carrée, sur un méridien de la carte, le zéro en haut ; puis sans toucher à la boussole, on fait tourner cette carte jusqu'à ce que la pointe bleue de l'aiguille soit arrivée en face de la division qui exprime la déclinaison du lieu (1). *La carte est ainsi orientée* (2). On se met alors en route *sans déranger l'orientation*, et à tous les instants de la marche on s'assure que la corrélation primitive n'a pas été modifiée. On s'attache, pour cela, à ne laisser passer aucun détail de la nature sans l'avoir préalablement reconnu sur la carte et, inversement, aucun détail de la carte sans que le détail correspondant du terrain ait été retrouvé.

A tout moment, l'observateur sera de la sorte parfaitement renseigné sur la position qu'il occupe ; si quelque erreur de direction vient à être commise, il en sera averti par les dissemblances qu'il constatera.

Il faut remarquer que le dessin ne sera presque jamais placé comme on a l'habitude de le voir quand on consulte la carte sans un but défini. Les écritures seront plus ou moins renversées ; mais si pour la lecture d'un nom on est conduit à modifier l'orientation que l'on a donnée, il sera indispensable de la reprendre pour ne pas s'exposer à des méprises.

Faut-il du reste ajouter — et ce n'est pas là un des moindres avantages de la méthode — qu'en opérant comme il vient d'être dit, la position des points se trouve la même sur la carte et dans la nature ? On voit à droite ou à gauche de soi, sur le terrain, les points qui, sur la carte, sont placés dans les mêmes conditions par rapport au chemin suivi.

Il peut se faire qu'un détail de la carte ne se retrouve pas sur le terrain et, inversement, qu'un détail du terrain ne soit pas donné par la carte.

Bien que fréquemment revisée, la carte de l'état-major n'est jamais à jour ; des détails de planimétrie sont modifiés constamment, des routes sont créées, des maisons sont construites, etc. En outre, certains détails, forcément groupés

---

(1) La déclinaison de 5' à 6' par an. Elle est différente avec les pays. A Paris, et pour l'année 1908, sa valeur est assez voisine de 16°.

(2) Nous ne dirons rien des autres procédés d'orientation, que tous les militaires connaissent, parce qu'ils font partie de l'instruction des recrues. Il n'est guère permis de les ignorer, mais ils sont pratiquement inutiles, au moins pour ce qui regarde les divers usages de la carte de l'état-major.

sur la carte par suite de la petitesse de l'échelle, sont distincts sur le terrain. Il n'y a pas lieu de s'en étonner, mais il est bon, pour plus de sûreté, de ne pas négliger de tenir compte des détails de nivellement qui, par leur nature, sont invariables.

Quand on quitte une localité d'une certaine importance, on ne doit jamais manquer de bien reconnaître — *et de se faire conduire au besoin* — à la sortie du côté vers lequel on doit marcher. L'orientation n'est pas aisée dans un dédale de rues et mieux vaut demander son chemin que de s'exposer à une erreur qui resterait toujours fâcheuse, alors même qu'elle serait bien vite reconnue.

Opérations de nuit.

Si la nuit est suffisamment claire ou si l'usage d'une lanterne est permis, la carte peut rendre d'utiles services, malgré le peu de visibilité des objets qui avoisinent la route.

Dans tous les autres cas, on ne peut que mettre à profit les indications qu'elle a fournies et que l'on a retenues. Un exemple fera mieux comprendre ce que nous entendons par là. Supposons un officier partant d'Uzès pour se rendre à Serviers par le Masblanc et la Baume. Il se souviendra qu'il doit suivre la route départementale pendant une heure environ (4 kilomètres); prendre à gauche le premier chemin de viabilité certaine qu'il rencontrera; le suivre sans se préoccuper d'aucun croisement de routes; franchir une rivière située à environ une heure de marche ($4^{km},200$) de la route départementale et tourner à gauche dès qu'il aura passé le pont. Il devra aboutir à une route départementale qu'il traversera pour monter jusqu'à Serviers.

Mesure des longueurs.

Si la longueur à mesurer est en ligne droite, il suffit de la reporter sur une bandelette de papier que l'on applique ensuite sur l'échelle. Si elle est formée par une ligne sinueuse, on se sert d'un fil auquel on fait suivre toutes les sinuosités de cette ligne et que l'on développe et mesure, comme dans le cas précédent (1).

On peut aussi se servir d'instruments appelés *curvimètres*. Leur mode d'emploi est assez simple pour qu'il nous suffise de les mentionner. Une notice explicative est d'ailleurs livrée aux acheteurs en même temps que la plupart d'entre eux (2).

Il ne faut pas oublier, quand on mesure une longueur, que les distances trouvées ne correspondent pas aux lignes du terrain, mais à leur *projection* sur la carte. La mesure est, par suite, presque toujours trop faible.

Abréviations conventionnelles.

Nous avons vu que les signes conventionnels ne suffisent pas toujours pour désigner un détail de planimétrie ; on les accompagne fréquemment de désignations complémentaires, qui ne sont pas exprimées en toutes lettres, afin de ne pas surcharger le dessin.

Les principales abréviations que l'on a adoptées sont les suivantes :

Abb^e	Abbaye	B^{che}	Bouche
Aig^{le}	Aiguille	Briq^{ie}	Briquetterie
Aqu^c	Aqueduc	B^{on}	Buisson
Arb.	Arbre	B^{on}	Buron
Aub^{ge}	Auberge	C^{ne}	Cabane
B^{que}	Baraque	Cab^{et}	Cabaret
B^{in}	Barin	C^{al}	Canal
B^{re}	Barrière	C.	Cap
B^{in}	Bassin	Carref^r	Carrefour
B^{ide}	Bastide	Carr^e	Carrière
Bat^{ie}	Batterie	Cay^r	Cayolar
B^{ie}	Bergerie	C^{se}	Cense
B.	Bois	Ch^{ne}	Chaîne
B^{de}	Borde	Ch^{et}	Chalet

---

(1) Le diamètre d'une pièce de 5 centimes est de 0^m,025, ce qui correspond, sur la carte de l'état-major, à une longueur de 2 kilo-mètres.

(2) Voir le catalogue des instruments de topographie qui sont en vente à la librairie militaire Henri Charles-Lavauzelle.

Chᵉˡ	Chapelle
Chᵃᵘ	Château
Chᵉᵉ	Chaussée
Chⁱⁿ	Chemin
Chⁿᵉᵉ	Cheminée
Cimᵗᵉ	Cimetière
Citˡᵉ	Citadelle
Colombʳ	Colombier
Cᵃˡ	Cortal
Couvᵗ	Couvent
Crˣ	Croix
Dig.	Digue
Domᵉ	Domaine
Dⁿᵉ	Douane
E. min.	E. minérale
Ecˢᵉ	Ecluse
Ecⁱᵉ	Ecurie
Egˢᵉ	Eglise
Embʳᵉ	Embarcadère
Embᵘʳᵉ	Embouchure
Etabᵗ	Etablissement
Etᵍ	Etang
Etˡᵉ	Etoile
Fabᵉ	Fabrique
Fbᵍ	Faubourg
Fᵐᵉ	Ferme
Fl.	Fleuve
Frⁱᵉ	Fonderie
Fⁿᵉ	Fontaine
Fᵗ	Forêt
Fgᵉ	Forge
Fᵗ	Fort
Glᵉʳ	Glacier
Gᵉ	Gorge
Gᵈ	Grand
Gᵉᵉ	Grange
Habᵗ	Habert
Hᵃᵘ	Hameau
I.	Ile
Jˢᵉ	Jasse
Jᵉᵉ	Jetée
K.	Ker
L.	Lac
Lag.	Lagune
Lᵈᵉ	Lande
Lᵗᵉ	Lette
Locᵉ	Locature
Mⁿ	Maison
Malᵈʳⁱᵉ	Maladrerie
Manufʳᵉ	Manufacture
Mˢ	Marais
M.	Mas
Métⁱᵉ	Métairie
Mᵗ	Mont
Mᵍⁿᵉ	Montagne
Mⁿ	Moulin
N-D.	Notre-Dame
Oʸ	Ory
Papⁱᵉ	Papeterie
P.	Parc à bestiaux
Pᵍᵉ	Passage
Pⁿ	Pavillon
Pᵗ	Petit
Ph.	Phare
P.	Pic
Plᵃᵘ	Plateau
Pᵗᵉ	Pointe
Pᵗ	Pont
Pᵗ	Port
Pᵗᵉ	Porte
Pᵗᵉ de Dᵃⁿ	Poste de Douane
Poudʳᵉ	Poudrerie
Qʳ	Quartier
Rᵃᵘ	Radeau
Redᵉ	Redoute
Rⁱˢᵉ	Remise
Retrᵐᵗ	Retranchement
R	Rivière
Rᵉʳ	Rocher
Roubⁿᵉ	Roubine
Rᵗᵉ	Route
Rᵗᵉ Dˡᵉ	Route départementale
Rᵗᵉ Nat.	Route nationale
Rᵃᵘ	Ruisseau
Sal.	Saline
Salpⁱᵉ	Salpêtrerie
Sapʳᵉ	Sapinière
Scⁱᵉ	Scierie
Sém.	Sémaphore
Sˡ	Signal
Somᵗ	Sommet
Stⁿ	Station
Télég	Télégraphe
Tᵗ	Torrent
Tʳ	Tour
Tⁱᵉ	Tuilerie
Usᵉ	Usine
Vacⁱᵉ	Vacherie
Vᵉᵉ	Vallée
Vⁿ	Vallon
Vʳⁱᵉ	Verrerie
Vˣ	Vieux
Vᵉʳ	Vivier

Il nous resterait à dire quelques mots des cartes qui sont dérivées de la carte de l'état-major, notamment de son amplification au 50.000°, qui a paru entièrement en 1re édition, et dont une 2e édition revisée est en voie de tirage. Nous pouvons nous en dispenser d'autant plus facilement que la lecture de ces cartes n'offre aucune difficulté pour quiconque est déjà familiarisé avec la lecture de la carte au 80.000°. L'amplification au 50.000° étant obtenue par la photographie, ses signes conventionnels, et avec eux tous les détails qu'elle contient, sont nécessairement les mêmes que ceux de la carte au 80.000°. Ils n'en diffèrent que par les dimensions.

Niort le Grond.
Liguané
NIORT
(Deux-Sèvres)
Bessines
Chauray
Souché
St Symphorien
FRONTENAY-Rohan-Rohan
Magné

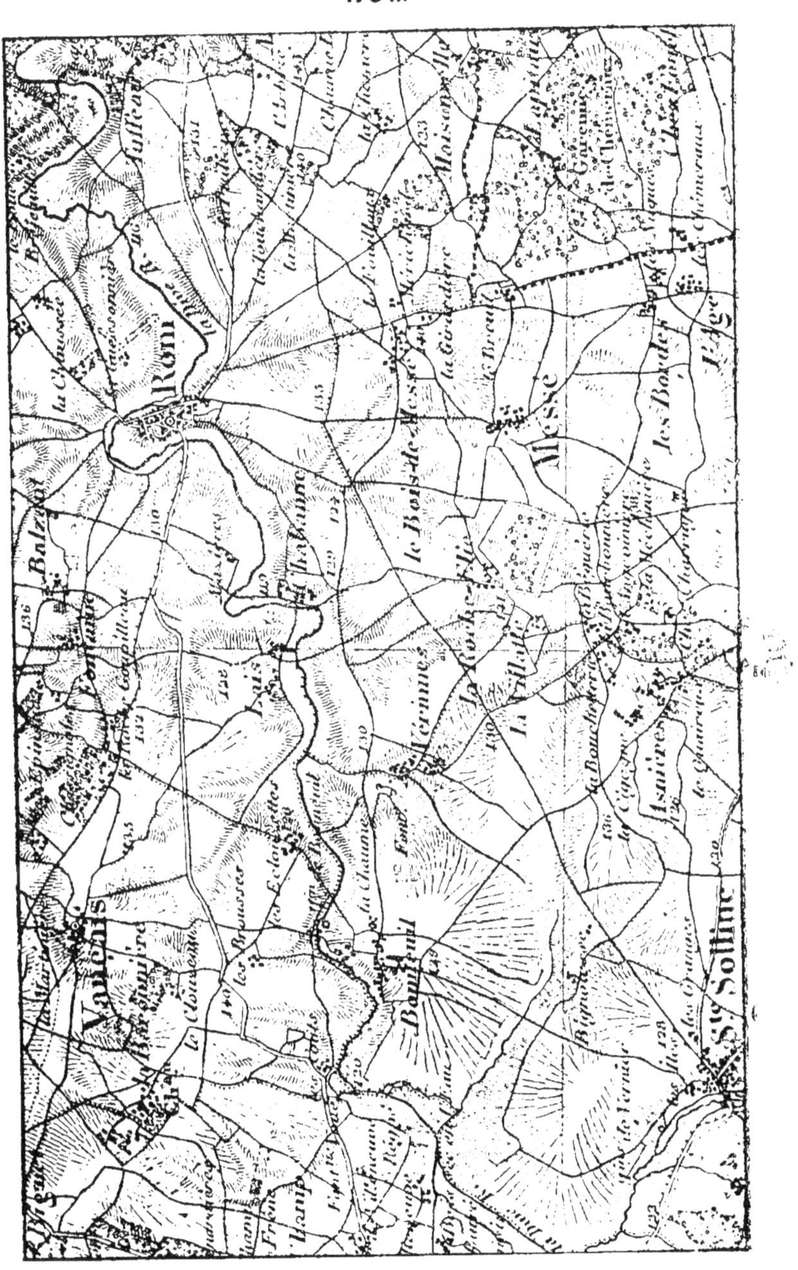
Rom
Messe
Balzeau
Vanières
Ste Soline
le Bois-de-Messe
la Vilaine
les Boudets
Boisson

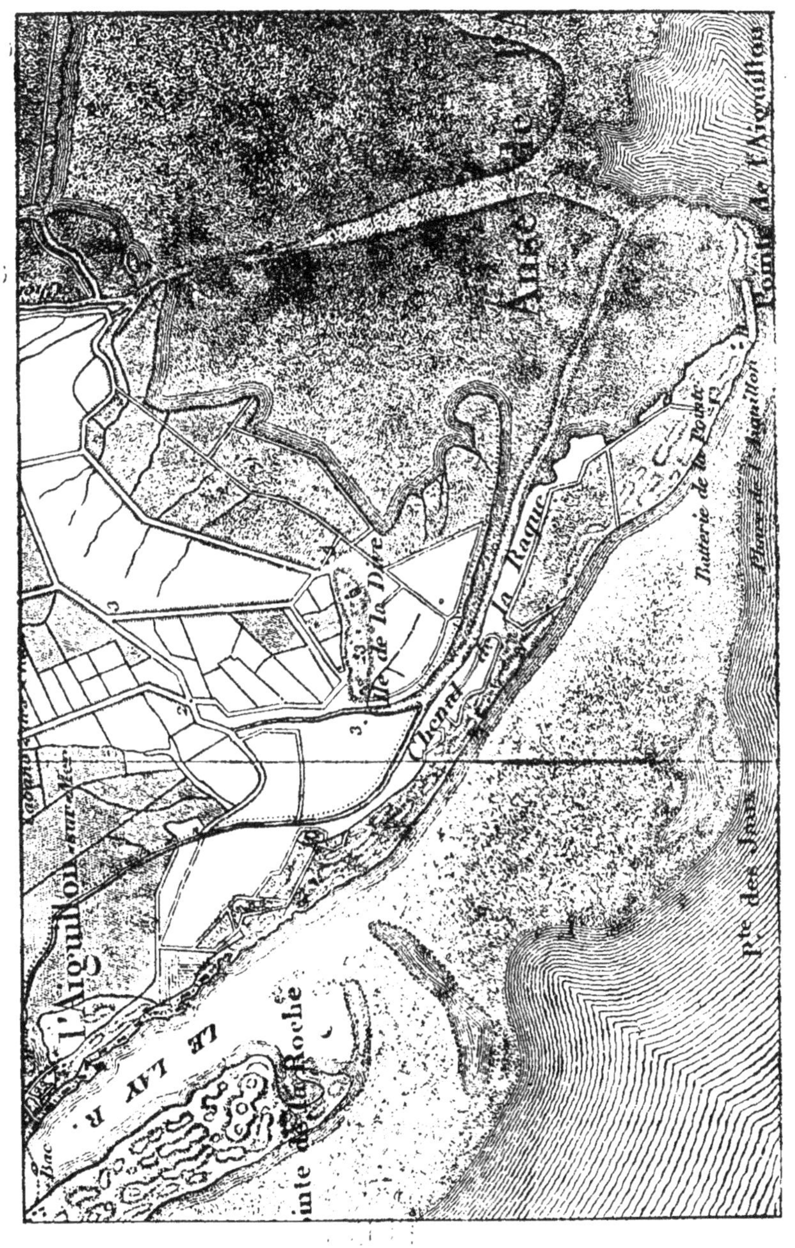
Anse
Anse
Pointe de l'Aiguillon
Pointe de l'Arcadau
Pointe de l'Arcadau
Huiterie de la Pointe
Chaussée de l'Aiguillon
Ile de la Dive
la Raque
Chenal
P.te des Joux
L'Aiguillon sur Mer
LE LAY R.
Pointe de la Roche

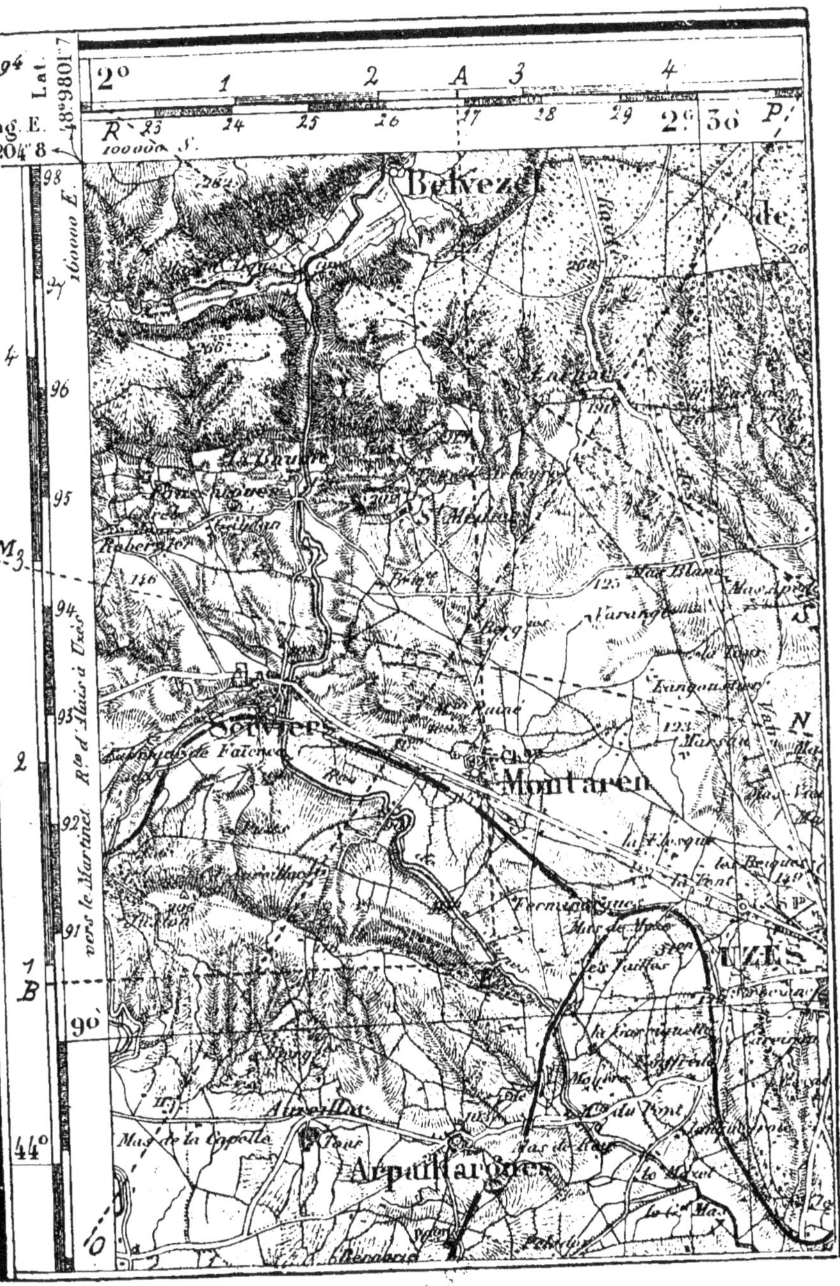
2°
1
2
A 3
4
R 23
24
25
26
27
28
29
2° 30 P.
100000 S.
Belvezet
de
Servies
Montaren
UZÈS
Arpaillargues
vers le Martinet
R.te d'Alais à Uzès
Lat.
48°98017
Lng. E.
204°8

Tableau d'assemblage de la Carte de France au 50.000°, 80.000° et 200.000°

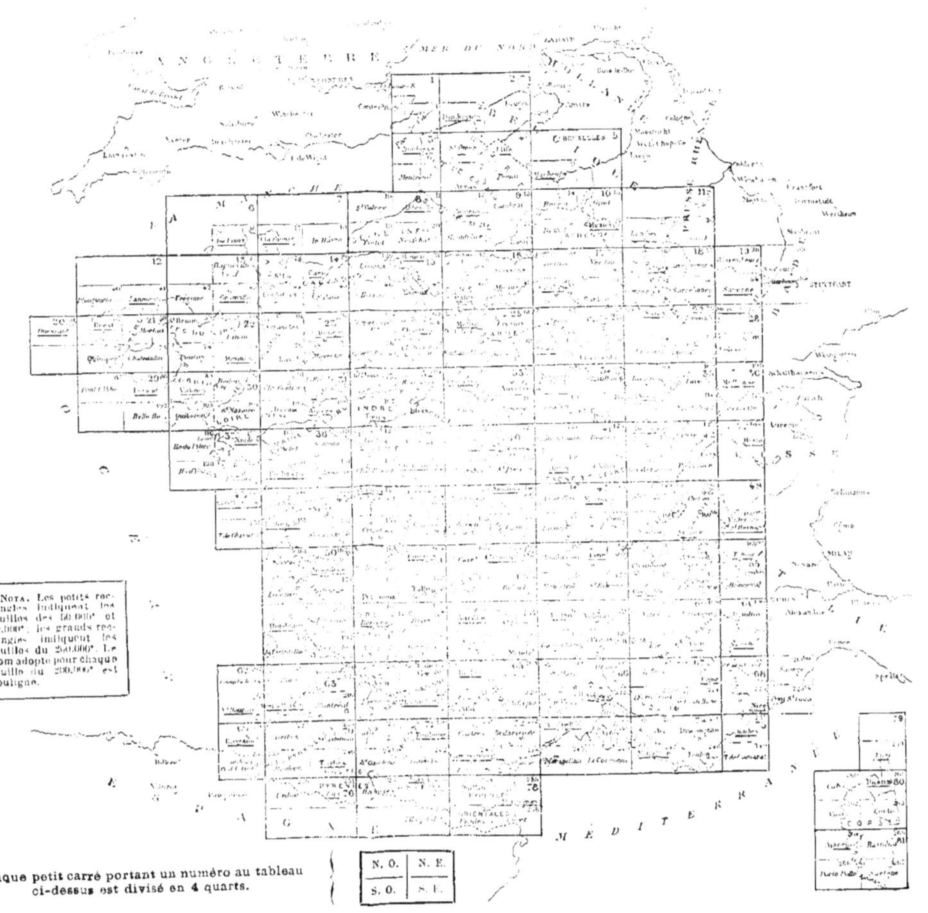

Chaque petit carré portant un numéro au tableau
ci-dessus est divisé en 4 quarts.

www.ingramcontent.com/pod-product-compliance
Lightning Source LLC
LaVergne TN
LVHW022329170726
843503LV00006B/2772